PE. FERDINANDO MANCILIO, C.Ss.R.

EU E DEUS,

A ORAÇÃO

EDITORA

SANTUÁRIO

CB012250

Direção editorial:
Pe. Fábio Evaristo Resende Silva, C.Ss.R.

Coordenação editorial:
Ana Lúcia de Castro Leite

Copidesque:
Ana Lúcia de Castro Leite

Revisão:
Luana Galvão

Ilustrações e Capa:
Reynaldo Silva

Diagramação:
Bruno Olivoto

ISBN 978-85-369-0414-6

1ª impressão

Todos os direitos reservados à **EDITORA SANTUÁRIO** – 2016

Composição, CTcP, impressão e acabamento:
EDITORA SANTUÁRIO - Rua Padre Claro Monteiro, 342
12570-000 - Aparecida-SP - Fone: (12) 3104-2000

APRESENTAÇÃO

A Editora Santuário, cumprindo sua missão catequética e evangelizadora, coloca ao alcance dos pais, catequistas e das Comunidades a Coleção **Sementinhas de fé**. O projeto quer ser um subsídio que complemente e dinamize o processo catequético, oferecendo os principais elementos da fé cristã, numa linguagem simples e adequada à idade das crianças, que estão sendo iniciadas em sua vida de fé.

Os livros foram concebidos para serem bastante interativos, com ilustrações e tarefas que despertam o interesse da criança em explorar e conhecer os conteúdos que serão aprofundados na catequese. Portanto, os livros podem ser usados tanto no contexto da catequese formal, oferecida pelas Comunidades, como também pelos pais, pastorais e grupos que trabalham com crianças.

Há desenhos intencionalmente preparados para a criança colorir conforme sua percepção. É bom deixá-la colorir conforme seu desejo. Melhor o adulto não interferir, mas sim dar uma palavra de incentivo. Os catequistas ou os pais poderão ajudar a criança a penetrar cada página, mas jamais subtrair sua reflexão. Quando a criança fizer uma pergunta, essa jamais poderá deixar de ser respondida, e é bom lembrar que a resposta não deve ser além de sua pergunta.

Neste nono volume, intitulado **Eu e Deus: a oração**, desejamos despertar na criança seu relacionamento com Deus. A oração é o modo perfeito e mais indicado para a criatura relacionar-se com o Criador. A certeza de que o que agora se planta frutificará pela vida afora nos motiva a ajudar a criança adentrar o coração de Deus pela oração.

Desse modo, esperamos colaborar com a formação humana e cristã das crianças, ajudando os pais e catequistas a ter em mãos um material que os auxilie nesse compromisso de fé.

Tudo o que for feito para ajudar as pessoas, a começar pelas crianças, seja para a glória de Deus e de seu Filho Jesus Cristo. Assim seja.

Pe. Ferdinando Mancilio, C.Ss.R.

EU E DEUS: A ORAÇÃO

Olá! Vamos conversar sobre um assunto muito bonito e muito importante: eu e Deus! Como é bom falar de Deus! Como é bom falar com Deus! Como é bom ser criança que gosta de Deus!

VOCÊ É UM ANJINHO DO CÉU, SABIA? QUE BELO ANJO VOCÊ É! NÃO ACREDITA? BEM, É CLARO QUE ÀS VEZES VOCÊ APRONTA POUCAS E BOAS, MAS DEPOIS SE ENCHE DE CORAGEM, PEDE DESCULPAS E RECOMEÇA A VIDA, NÃO É MESMO?

MAS VOCÊ SABIA QUE DEUS
OLHA O CORAÇÃO E NÃO
AQUILO QUE FAZEMOS...
ÀS VEZES, FAZEMOS ALGO SEM
PENSAR DIREITO,
FAZEMOS POR FAZER...
DEPOIS, PENSAMOS E
FICAMOS ARREPENDIDOS.

ENTÃO:

VAMOS PENSAR PRIMEIRO, PARA DEPOIS FAZER! NÃO É CERTO FAZER PRIMEIRO E PENSAR DEPOIS. ASSIM ERRAMOS O CAMINHO. É TRISTE ERRAR O CAMINHO, POIS TEMOS DE ANDAR, ANDAR... PARA RECOMEÇAR. POR ISSO É MELHOR JÁ COMEÇAR DE MODO CERTO!

EU: SIGNIFICA QUE SOU UMA PESSOA. NÃO SOU UM OBJETO NEM UMA "COISA" QUALQUER.

EU: TAMBÉM NÃO É SER EGOÍSTA. POIS EGOÍSMO É QUERER TUDO SÓ PARA SI E NÃO REPARTIR NADA, NEM SE PREOCUPAR COM AS NECESSIDADES DOS OUTROS.

EU: SOU FILHO OU FILHA DE DEUS!

DEUS: É O CRIADOR DE TUDO O QUE EXISTE. FOI ELE QUEM ME CRIOU, QUEM ME DEU A VIDA. SEM ELE NADA PODERIA EXISTIR. ELE É A VIDA. SEU AMOR FOI DADO PARA NÓS, EM JESUS, SEU FILHO. POR ISSO AMAR JESUS É AMAR O PAI DO CÉU. DEUS É MUITO BOM, POIS QUER SOMENTE NOS AMAR SEMPRE, TODOS OS DIAS. ELE NUNCA DEIXA DE NOS AMAR!

VOCÊ É UMA CRIATURA DE DEUS.
FOI DEUS QUEM CRIOU VOCÊ. É
VERDADE QUE DEUS PRECISOU
DE SEU PAPAI E DE SUA MAMÃE,
MAS É DEUS QUEM DÁ A VIDA.
SEM DEUS NINGUÉM TEM A VIDA.
ESSA É A PRIMEIRA VERDADE
QUE VOCÊ DEVE GUARDAR
EM SEU CORAÇÃO:

EU SOU CRIATURA DE DEUS!
ELE ME DEU A VIDA COM
MUITO AMOR!

ELE SEMPRE SE
LEMBRA DE MIM!

VOCÊ SABIA QUE O HOMEM E A MULHER FORAM CRIADOS POR DEUS? DEPOIS QUE TUDO FOI CRIADO, DEUS FEZ O HOMEM E A MULHER COM A MESMA DIGNIDADE. ISTO É, DEUS AMOU OS DOIS DO MESMO JEITO. O SER HUMANO É A MAIS BONITA DAS CRIATURAS. SÓ DEUS PODE DAR A VIDA. NINGUÉM MAIS.

VAMOS APRENDER...

Eu sou uma _____ muito amada por Deus!

Todas as pessoas foram feitas por Deus. Por isso vou _____!

Foi Deus quem me deu a _____!

Deus sempre se _____ de mim!

O ser humano é a mais bonita das _____!

(CRIATURA – RESPEITÁ-LAS – VIDA – LEMBRA – CRIATURAS)

12

SOMOS DE DEUS! FILHOS DE DEUS! DEUS É NOSSO PAI E NOSSO CRIADOR!

• AS ESTRELINHAS QUE BRILHAM LÁ NO CÉU, BRILHAM, BRILHAM PRA LOUVAR A DEUS.

• OS PEIXINHOS QUE NADAM PELAS ÁGUAS, NADAM, NADAM PRA LOUVAR A DEUS.

• OS PASSARINHOS QUE VOAM PELOS ARES, VOAM, VOAM PRA LOUVAR A DEUS.

• OS CAVALINHOS QUE CORREM PELOS CAMPOS, CORREM, CORREM PRA LOUVAR A DEUS.

É MUITO BONITA A CRIANÇA QUE AMA DEUS, RESPEITA AS PESSOAS E REZA COM ALEGRIA. A CRIANÇA É O SORRISO DE DEUS, SABIA?

VEJA QUANTAS COISAS DEUS FEZ PARA NÓS. TUDO O QUE EXISTE FOI FEITO POR ELE. E AINDA MAIS: ELE DEU A VIDA POR NÓS. POR ISSO, NÃO PODEMOS ESQUECER DEUS.
VOCÊ GOSTA MUITO DE QUEM AMA VOCÊ?
ENTÃO, DEUS NOS AMA MUITO. POR ISSO, PRECISAMOS CONVERSAR COM ELE TODOS OS DIAS.

CONVERSAR COM DEUS É REZAR. REZAR É CONVERSAR COM DEUS. ENTÃO, LEMBRE-SE DE REZAR!

REZE CONVERSANDO COM DEUS, FALANDO DAS COISAS DE SEU CORAÇÃO. O PAI DO CÉU VAI ESCUTAR VOCÊ!
ELE NÃO DESPREZA NENHUMA PESSOA QUE FALA COM ELE. ENTÃO CONVERSE MUITO COM DEUS.

VAMOS REZAR:

PARA COLORIR

MEU QUERIDO PAI DO CÉU, QUANTAS COISAS BONITAS O SENHOR FEZ POR NÓS. EU GOSTO MUITO DE VIVER NO MUNDO, PORQUE EU VEJO TODAS AS COISAS QUE O SENHOR CRIOU PARA NÓS. MAS EU SEI TAMBÉM, PAI DO CÉU, QUE O SENHOR QUER QUE EU TENHA UM CORAÇÃO BOM, BONITO, SEM MALDADE. E É ASSIM QUE EU QUERO SER. AMÉM!

QUANDO VOCÊ PODE CONVERSAR COM ELE, COM O PAI DO CÉU? HÁ MUITOS MOMENTOS, COMO: DE MANHÃ, À TARDE, À NOITE!

NA HORA EM QUE LEVANTAMOS!

NA HORA EM QUE VAMOS DORMIR!

NA HORA EM QUE VAMOS NOS ALIMENTAR!

QUANDO VAMOS ESTUDAR!

REZAR MAIS VEZES AO DIA: DE MANHÃ, À TARDE E À NOITE, NA HORA DE DORMIR.

HÁ AINDA ORAÇÕES MUITO BONITAS, QUE TODOS PRECISAMOS SABER E REZAR TODOS OS DIAS:

PARA FALAR COM JESUS E COM O PAI DO CÉU:

PAI NOSSO, QUE ESTAIS NOS CÉUS, SANTIFICADO SEJA O VOSSO NOME. VENHA A NÓS O VOSSO REINO. SEJA FEITA A VOSSA VONTADE, ASSIM NA TERRA, COMO NO CÉU. O PÃO NOSSO DE CADA DIA NOS DAI HOJE. PERDOAI AS NOSSAS OFENSAS, ASSIM COMO NÓS PERDOAMOS A QUEM NOS TEM OFENDIDO. E NÃO NOS DEIXEIS CAIR EM TENTAÇÃO, MAS LIVRAI-NOS DO MAL. AMÉM.

PARA FALAR COM NOSSA SENHORA, A MÃE DE JESUS:

AVE, MARIA, CHEIA DE GRAÇA, O SENHOR É CONVOSCO, BENDITA SOIS VÓS ENTRE AS MULHERES, BENDITO O FRUTO DO VOSSO VENTRE, JESUS. SANTA MARIA, MÃE DE DEUS, ROGAI POR NÓS, PECADORES, AGORA E NA HORA DE NOSSA MORTE. AMÉM.

PARA PEDIR A PROTEÇÃO DE DEUS, POR MEIO DE SEUS ANJOS:

SANTO ANJO DO SENHOR, MEU ZELOSO GUARDADOR, JÁ QUE A TI ME CONFIOU A PIEDADE DIVINA: SEMPRE ME REGE, GUARDA, GOVERNA, ILUMINA. AMÉM.

PARA COLORIR

É TÃO BOM, BONITO E MUITO AGRADÁVEL FALAR COM DEUS. ELE É NOSSO MELHOR AMIGO, POIS NOS ESCUTA SEMPRE QUE FALAMOS COM ELE!

EXISTEM OUTRAS ORAÇÕES QUE VOCÊ PODE APRENDER! MAS A MELHOR ORAÇÃO É QUANDO FALAMOS COM DEUS COM SINCERIDADE DE CORAÇÃO. SABE QUAL É A MAIOR ORAÇÃO DE TODAS? A MISSA! NELA NÓS REZAMOS COM JESUS, E JESUS REZA CONOSCO. ENTÃO, LEMBRE-SE DE IR À MISSA SEMPRE.

PARA COLORIR

É BONITO DEMAIS O CORAÇÃO
DA CRIANÇA QUE REZA!
A CRIANÇA QUE AMA JESUS É
O SORRISO DE DEUS!

SABE O QUE ACONTECE COM A
CRIANÇA QUE REZA E AMA? ELA DIZ
ASSIM EM SEU CORAÇÃO:

MEU SORRISO NÃO É SÓ MEU. FOI
DEUS QUEM FEZ ESSE SORRISO
QUE NÃO É SÓ MEU!
MEU BRINQUEDO NÃO É SÓ MEU.
FOI DEUS QUEM ME DEU ESSE
BRINQUEDO QUE NÃO É SÓ MEU!
MEU ALIMENTO NÃO É SÓ MEU. FOI
DEUS QUEM ME DEU ESSE ALIMENTO
QUE NÃO É SÓ MEU!

VEJA OS PASSARINHOS. JÁ NOTOU COMO ELES CANTAM BONITO, ALEGRES E FELIZES? ELES SABEM AMAR A VIDA. ELES NÃO SABEM QUE FORAM FEITOS POR DEUS, MAS NOS MOSTRAM COMO DEUS É. E DEUS DESEJA QUE SEJAMOS FELIZES E SEM MALDADES NO CORAÇÃO. QUEM TEM DEUS NO CORAÇÃO SABE REZAR, SABE AMAR E NUNCA SERÁ TRISTE!

VAMOS REZAR:

Papai do céu, eu fiquei feliz quando vi o passarinho cantando. Ele estava rezando do jeito dele, do jeito que o Senhor o fez. Há muitas coisas no mundo que nos mostram como a vida é bonita. Eu não quero estragar nada do que o Senhor fez para nós. Eu quero ter um coração bonito, que ama e que reza todos os dias. Amém!

Quando você não souber rezar, peça para seu papai ou para sua mamãe ensiná-lo. Assim eles rezarão com você e todos serão felizes em sua família. Convide também seus coleguinhas para rezarem com você. Assim vocês serão muito mais felizes.

PARA VOCÊ REZAR QUANDO ACORDAR:

JESUS, EU AGRADEÇO A NOITE QUE O SENHOR ME DEU. AJUDE-ME A VIVER BEM NESTE DIA, E SEUS SANTOS ANJOS ME GUARDEM. EU QUERO HOJE VIVER BEM JUNTINHO DO SENHOR E DE NOSSA SENHORA. ABENÇOE-ME, PAI DO CÉU: EM NOME DO PAI † E DO FILHO E DO ESPÍRITO SANTO. AMÉM!

PARA VOCÊ REZAR QUANDO FOR SE ALIMENTAR:

PAI DO CÉU, OBRIGADO PELO ALIMENTO QUE TENHO. EU AGRADEÇO AO SENHOR TODAS AS PESSOAS QUE TRABALHARAM PARA QUE EU TIVESSE ESTE ALIMENTO NA MESA. OBRIGADO, PAI DO CÉU. AMÉM!

PARA VOCÊ REZAR QUANDO FOR DORMIR:

Papai do Céu, eu agradeço ao Senhor todas as coisas que eu vivi hoje na escola, em minha casa, em minhas brincadeiras, quando eu conversei com os coleguinhas. Agora eu vou dormir e sei que o Senhor vai me proteger também, como me guardou e me protegeu neste dia.

Amanhã, eu quero acordar feliz e ficar outra vez pertinho do Senhor. Abençoe-me: Em nome do Pai † e do Filho e do Espírito Santo. Amém!

PARA VOCÊ REZAR QUANDO FOR VIAJAR COM SUA FAMÍLIA:

PAPAI DO CÉU, NÓS VAMOS VIAJAR: EU, PAPAI E MAMÃE (E MEUS IRMÃOZINHOS). EU QUERO QUE O SENHOR NOS PROTEJA DOS PERIGOS E NOS LIVRE DE QUALQUER MALDADE. EU QUERO QUE O SENHOR VIAJE CONOSCO E SEJA NOSSO MELHOR AMIGO DE VIAGEM. GUARDE-NOS, SENHOR. EM NOME DO PAI † E DO FILHO E DO ESPÍRITO SANTO. AMÉM!

LEMBRE-SE:

REZAR É MUITO IMPORTANTE. É COMO O AR QUE RESPIRAMOS! QUEM REZA VAI PARA O CÉU! REZAR É FALAR COM O PAI DO CÉU, COM JESUS E COM NOSSA SENHORA! ENTÃO, LEMBRE-SE SEMPRE DE REZAR!

SEJA SEMPRE BOM AMIGO OU BOA AMIGA DE JESUS E DE NOSSA SENHORA! ESTÁ COMBINADO?